Tout automobiliste soucieux de ses intérêts

s'inscrit à l'

Automobile-Club du Nord de la France

Siège Social :

11, Contour Saint-Martin ~ ROUBAIX

Téléph. 4.76

BUT et AVANTAGES :

Défense de l'intérêt général des automobilistes ;
Amélioration des routes, par des signaux avertisseurs ;
Libre passage des automobilistes aux frontières (sous
consignation des droits de douane) ;
Manifestations automobiles (organisation, participation) ;
Gratifications aux contonniers et garde-barrières ;
Récompenses aux bons chauffeurs ;
Assurance gratuite contre les accidents (recours des tiers) ;
Assurance gratuite défense en justice (contraventions) ;
Tarifs spéciaux très réduits pour tous risques automobiles ;
Cours gratuits de chauffeurs-mécaniciens d'automobiles ;
Service de contentieux gratuits ;
Renseignements divers, démarches, itinéraires ;
Service gratuit d'un bulletin périodique, etc., etc.

*Pour adhérer à l'***A.-C.** *du Nord de la France,
participer à son œuvre, jouir de ses avantages,* s'adresser
ou écrire au secrétariat: *11, Contour St-Martin, à Roubaix.*

L'Automobile-Club du Nord de la France comptait en
1900 (année de sa fondation) : **150** adhérents, son
effectif actuel (en 1923), est de **6.000** membres.

Cotisation annuelle 40 francs

*L'Automobile-Club du Nord de la France est le Club
Automobile qui offre le plus d'avantages à ses membres.
Sa cotisation annuelle de ***40** *fr, constitue un bon placement,
car elle est sûrement récupérée plusieurs fois.*

Automobile-Club du Nord de la France

CODE
- DE LA -
ROUTE

IMP. DU JOURNAL DE ROUBAIX

AUTOMOBILISTES,

Membres de l'A. C. du Nord de la France, nous vous rappelons:

Que toute voiture automobile doit être munie d'une plaque d'identité portant les nom et adresse du propriétaire

Notre Secrétariat se charge de vous livrer au prix de 12 francs (franco), un élégant écusson en cuivre, avec insigne émaillé du Club, gravé à vos nom et adresse. Nous donner le texte à graver.

Que toute voiture, circulant à l'étranger, doit nécessairement porter à l'arrière la plaque de nationalité : F.

Nous pouvons vous fournir un exemplaire officiel de cette plaque en « émailloïd », au prix de 7 fr. 50 (franco).

Que nous pouvons vous fournir, en outre, l'**Insigne** du Club à porter au veston ou à la casquette - 5 fr. (franco) - l'**Insigne** bouchon de radiateur, spécial au Club - cuivre poli, 90 fr., nickelé, 95 fr. (franco) le **Fanion** du Club (A. C. N. F.) 10 fr. (franco).

Différents modèles de **médailles de Saint-Christophe** pour tablier de voiture. Prix : 6 et 10 fr. (petit ou grand module).

Les **Cartes routières TARIDE** au 250.000e. (Voir pour sections, verso de la première page du bulletin trimestriel de l'A. C. du Nord de la France.

Les **Cartes routières MICHELIN,** au 200.000e (France et Belgique, prix suivant format).

Curvimètre à cadran pour lecture commode de toutes cartes, quelle que soit leur échelle, 11 fr. 50 (franco).

Pour envoi franco de ces divers articles, en adresser le montant à M. le Secrétaire de l'Automobile Club du Nord de la France, 11, Contour Saint-Martin, Roubaix.

AVIS TRÈS IMPORTANT

Aux membres de l'Automobile-Club du Nord titulaires de Triptyques de libre passage à la frontière belge

Nous rappelons à nos membres : que tout triptyque pris en charge par la Douane belge, c'est à dire qui a été utilisé, met son titulaire dans l'obligation d'acquitter les droits d'importation qu'il a garantis s'il n'est pas dédouané au plus tard, un an jour pour jour, à dater de sa délivrance.

2⁰ Que ce dédouanement toujours obligatoire ne peut être opéré qu'à un bureau frontière et sur présentation de la voiture et du triptyque qui la concerne.

3⁰ Que ce dédouanement n'est obtenu qu'à la condition que la voiture représentée soit bien identique au signalement porté au triptyque.

CONCLUSIONS

Pensez à dédouaner votre voiture si vous la vendez, et « avant » de la livrer à son acquéreur. Car comment ferez-vous pour remplir la formalité du dédouanement, si vous n'avez plus la voiture en votre possession.

Pensez à dédouaner votre voiture « avant » d'y apporter une modification qui affecte son signalement porté au triptyque, si par exemple vous remplacez la carrosserie, ou si vous changez la couleur de celle-ci, ou la garniture intérieure, ou le moteur, ou même votre numéro d'immatriculation

Pensez à dédouaner votre voiture, si elle quitte pour un assez long temps notre région frontière ; au cours d'un voyage un peu lointain, elle peut être sinistrée ou vendue ou échangée ; vous vous féliciterez alors de n'avoir pas l'obligation de la ramener à la frontière.

Pensez à dédouaner votre voiture, s'il lui arrive un accident qui vous force à la confier à un mécanicien pour un délai peut être long. S'il le faut, faîtes-là remorquer en douane, au besoin mettez-en les débris sur un camion et présentez-les en Douane. N'attendez pas qu'elle soit réparée. Rappelez-vous que si votre triptyque n'est pas déchargé pour sa date d'échéance, vous serez tenu au paiement des droits que vous et vos deux cautions avez garantis, et c'est à présent quelques milliers de francs.

Après dédouanement d'un triptyque, renvoyer immédiatement la souche au Siège du Club.

Carnet International de Route. — Pour vos voyages à l'étranger, vous devez, en plus du triptyque et du passavant français (ou carnet d'identité) être muni du Carnet International de Route. Procurez-vous formule de demande à l'A. C. du Nord de la France, 11, Contour Saint-Martin, à Roubaix.

LES AUTOMOBILES ET LE FISC

Déclaration et paiement des taxes AVANT toute mise en circulation
Ce qu'il faut faire pour obtenir la suspension des taxes
en cas d'immobilisation de la voiture.

L'A. C. du Nord de la France croit devoir rappeler à ses membres que nulle automobile n'est autorisée à circuler si elle n'est munie du récépissé de déclaration de mise en circulation (carte grise) que délivre la Préfecture, et du récépissé des taxes acquittées au Fisc; sans préjudice du brevet de chauffeur dont tout conducteur doit être constamment porteur; le tout à péril de contraventions.

Les taxes automobiles se paient aux recettes buralistes (étant actuellement du ressort des Contributions Indirectes), sur présentation de la carte grise qui fait foi officiellement de la force en HP de la voiture.

Il n'est accordé aucun délai pour la déclaration des automobiles au fisc; il importe donc au plus haut point qu'avant de sortir pour la première fois, toute voiture automobile ait acquitté les taxes; les contraventions fiscales comportent des sanctions très lourdes: amende, quintuple des droits, confiscation de la voiture; à remarquer qu'en matière de contributions, la bonne foi n'est pas admise au cas de contravention.

Les taxes fiscales automobiles peuvent êtres acquittées par trimestre; tout trimestre commencé est dû. Si la voiture, pour une raison telle qu'immobilisation, réparation, défaut d'emploi, cesse de circuler, suspension de la taxe peut être obtenue à condition que demande en soit faite à la recette buraliste intéressée AVANT le commencement du trimestre pour lequel elle est sollicitée; le permis de circulation reste déposé à la recette buraliste jusqu'au jour où la voiture est remise en circulation; à ce moment il est rendu au contribuable, sur sa demande, et contre paiement de la taxe du trimestre en cours.

Les trimestres s'entendent par trimestres-calendriers, c'est-à-dire pour les périodes de 3 mois commençant les 1er janvier, 1er avril, 1er juillet, 1er octobre.

Les 3 Grandes Marques Françaises

PIANOS

PLEYEL

ERARD

GAVEAU

REPRÉSENTANT A LILLE

J. GRAS, 24bis, Rue Faidherbe

CH. GRAS, SUCCESSEUR

PLEYELA DERNIER MODÈLE

DROIT ou A QUEUE

avec Soufflerie Électrique à volonté

ACCORDS - ÉCHANGES - RÉPARATIONS

LE CODE DE LA ROUTE

Le Prés'dent de la République française décrète :

Article premier. — L'usage des vo'es, ouvertes à la circulation publique, est régi par les dispositions du présent règlement.

CHAPITRE PREMIER

Dispositions applicables à tous les véhicules, aux bêtes de trait, de charge et aux animaux montés.

PRESSION SUR LE SOL. — FORME ET NATURE DES BANDAGES

Art. 2. — La pression exercée sur le sol par un véhicule ne doit, à aucun moment, pouvoir excéder 150 kilogr. par centimètre de largeur du bandage; cette largeur est mesurée au contact avec un sol dur sur un bandage neuf en état de fonctionnement normal.

Les bandages métalliques ne doivent présenter aucune saillie sur leurs surfaces prenant contact avec le sol. Cette disposition n'est plus applicable pour les trajets entre la ferme et les champs, aux machines aratoires à traction animale et aux véhicules automobiles servant à l'agriculture. Toutefois, les roues ou tables de roulement de ces instruments et véhicules doivent être aménagées de manière à ne pas occasionner des dégradations anormales à la voie publique.

Les roues des véhicules automobiles servant au transport des personnes et des marchandises, ainsi que les roues de leurs remorques, doivent toutes être munies de bandages en caoutchouc ou de tous autres systèmes équivalents au point de vue de l'élasticité.

(Les clous et rivets fixés sur les bandages en caoutchouc, en vue d'éviter le dérapage, doivent s'appuyer sur le sol par une surface circulaire et plate d'au moins 10 millimètres de diamètre ne présentant aucune arête vive et ne faisant pas saillie sur la surface de roulement de plus de 4 millimètres.

Le délai d'application des prescript'ons du présent article aux véhicules en service, lors de la publication du présent règlement, est fixé par l'article 60 ci-après.

..Les prescriptions du présent article ne sont applicables aux matériels spéciaux des départements de la guerre et de la marine qu'autant qu'elles ne sont pas incompatibles avec leur destination.

GABARIT DES VÉHICULES

Art. 3. — Dans une section transversale, la largeur d'un véhicule, toutes saillies comprises, ne doit nulle part être supérieure à 2 m. 50. — L'extrémité de la fusée, le moyeu et les organes de freinage, toutes pièces accessoires comprises, ne doivent pas faire saillie sur le reste du contour extérieur du véhicule.

Seuls peuvent faire exception à cette dernière règle :

1° Les machines agricoles :

2° Les véhicules à traction animale dont la carrosserie ne surplombe pas les roues ou qui ne sont pas pourvus d'ailes ou de garde-boue; dans ce cas, le point le plus saillant de la fusée, du moyeu ou des organes de freinage, toutes pièces accessoires comprises, ne doit pas faire saillie de plus de 20 centimètres sur le plan passant par le bord extérieur du bandage.

Le délai d'application des prescriptions ci-dessus, aux véhicules en service lors de la promulgation du présent règlement, est fixé par l'article 60 ci-après.

AUTOMOBILES "CHENARD et WALCKER"

Agent exclusif :

FERNAND BACHMANN

109, Boulevard de la République - **LA MADELEINE**

— Téléphone : 2403 - LILLE —

GARAGE JOUFFROY

Réparations et Mise au Point de Voitures Automobiles de toutes marques

AGENTS RÉGIONAUX

des **Voitures "BARRÉ"** et **Motos "SCOTT"**

Cours de Chauffeurs - Fournitures

VERVENNE & DEMOOR 149, Rue Jouffroy, 149
- ROUBAIX -

Pour les **RADIATEURS** et **PHARES**
(neufs et occasions)

RÉPARATION :-: TRANSFORMATION
— POLISSAGE :-: NICKELAGE —

Ferblanterie **J. VANNIER**

2ter, Rue Sainte-Thérèse

ROUBAIX (Nord)

Les prescriptions des paragraphes précédents ne sont applicables aux matériels spéciaux des départements de la guerre et de la marine qu'autant qu'elles ne sont pas incompatibles avec leur destination.

Les chaînes et autres accessoires, mobiles ou flottants, doivent être fixés au véhicule de manière à ne pas sortir, dans leurs oscillations, du contour extérieur du véhicule et à ne pas traîner sur le sol.

ÉCLAIRAGE

Art. 4. — Sans préjudice des prescriptions spéciales des articles 24 et 37 ci-après, aucun véhicule marchant isolément ne peut circuler après la tombée du jour sans être signalé vers l'avant par un ou deux feux blancs et vers l'arrière par un feu rouge.

L'un des feux blancs ou le feu blanc, s'il est unique, est placé sur le côté gauche du véhicule. Il en est de même du feu rouge. Celui-ci peut être produit par le même foyer lumineux que le feu gauche d'avant dans le cas où la longueur totale du véhicule, chargement compris, n'excède pas 6 mètres.

Toutefois, les voitures agricoles, se rendant de la ferme aux champs ou des champs à la ferme, pourront n'être éclairées qu'au moyen d'un falot porté à la main. Elles seront même dispensées de tout éclairage sur les chemins ruraux et vicinaux ordinaires et, exceptionnellement, sur des sections de chemins vicinaux d'intérêt commun, à la condition que tous ces véhicules ou sections de chemins n'intéressent pas la circulation générale et qu'ils aient été désignés et portés à la connaissance du public par arrêté préfectoral.

Il ne sera exigé, pour les voitures à bras, qu'un feu unique, coloré ou non.

Quand les véhicules marchent en convoi, dans les conditions fixées par l'article 13 du présent règlement, le premier véhicule de chaque groupe de deux voitures se suivant sans intervalle doit être pourvu d'au moins un feu blanc à l'avant et le second d'un feu rouge à l'arrière.

PLAQUES

Art. 5. — Indépendamment des plaques spéciales aux automobiles définies à l'article 27 ci-après, tout propriétaire est tenu de faire apposer d'une manière très apparente, sur les véhicules lui appartenant, une plaque métallique portant, en caractères visibles, ses nom, prénom et domicile.

Sont exceptés de cette disposition :

1° Les voitures à bras ;

2° Les voitures à traction animale destinées au transport des personnes et étrangères à un service public de transports en commun ;

3° Les voitures appartenant à l'administration des postes ;

4° Les voitures, chariots et fourgons appartenant aux départements de la guerre et de la marine ;

5° Les véhicules automobiles dont l'usage est réservé exclusivement aux besoins des services de police et de sûreté générale ;

6° Les voitures employées à la culture des terres, au transport des récoltes, à l'exploitation des fermes, soit qu'elle se rendent de la ferme aux champs ou des champs à la ferme, soit qu'elles servent au transport des objets récoltés, du lieu où ils ont été recueillis jusqu'à celui, ou pour les conserver ou les manipuler, le cultivateur les dépose et les rassemble.

Des décrets déterminent les marques distinctives que doivent porter les voitures désignées aux paragraphes 3 et 4 et les titres dont les conducteurs doivent être munis.

LARGEUR DU CHARGEMENT

Art. 3. — La largeur du chargement des véhicules ne peut excéder 2 m. 50. Toutefois, les préfets des départements peuvent délivrer des permis de circu-

lation pour les objets d'un grand volume qui ne seraient pas susceptibles d'être chargés dans ces conditions; ces permissions seront soumises aux règles fixées par l'article 14 ci-après.

Sont affranchies de toute réglementation de largeur du chargemnt, les voitures d'agriculture, lorsqu'elles sont employées au transport des récoltes de la ferme aux champs et des champs à la ferme ou au marché.

En outre, ne sont pas astreintes à cette réglementation les voitures chargées de paille ou de foin qui se rendent au lieu de livraison situé dans un rayon de 25 kilomètres.

Aucun siège, fixe ou mobile, placé sur le côté du véhicule, ne doit faire saillie sur la largeur du véhicule ou de son chargement, ni être disposé de telle sorte que le conducteur, assis sur ce siège, ait tout ou partie du corps en saillie sur la largeur du véhicule ou de son chargement.

Les prescriptions du présent article ne sont applicables aux matériels spéciaux de la guerre et de la marine qu'autant qu'elles ne sont pas incompatibles avec leur destination.

CONDUITE DES VÉHICULES ET DES ANIMAUX

Art. 7. — Tout véhicule doit avoir un conducteur; cette règle ne souffre d'exception que dans les cas prévus par les articles 13 et 32 du présent règlement.

Les bêtes de trait ou de charge et les bestiaux doivent être accompagnés.

Les conducteurs doivent être constamment en état et en position de diriger leur véhicule ou de guider leurs attelages, bêtes de selle, de trait, de charge ou bestiaux. Ils sont tenus d'avertir de leur approche les autres conducteurs et les piétons.

Ils peuvent utiliser le milieu ou la partie droite de la chaussée; mais il leur est formellement interdit de suivre la partie gauche, sauf en cas de dépassement ou de nécessité de virage.

La conduite des troupeaux est spécialement réglementée par l'article 56 ci-après.

VITESSE

Art. 8. — Les conducteurs de véhicules quelconques de bêtes de trait, de somme ou de selle, ou d'animaux, doivent toujours marcher à une allure modérée dans la traversée des agglomérations et toutes les fois que le chemin n'est pas parfaitement libre ou que la visibilité n'est pas assurée dans de bonnes conditions.

CROISEMENT ET DÉPASSEMENT

Art. 9. — Les conducteurs de véhicules quelconques, de bêtes de trait, de charge ou de selle, ou d'animaux doivent prendre leur droite pour croiser ou se laisser dépasser; ils doivent prendre à gauche pour dépasser.

Ils doivent se ranger à droite à l'approche de tout véhicule ou animal accompagné. Lorsqu'ils sont croisés ou dépassés, ils doivent laisser libre à gauche le plus large espace possible et au moins la moitié de la chaussée quand il s'agit d'un autre véhicule ou d'un troupeau, ou 2 mètres quand il s'agit d'un piéton, d'un cycle ou d'un animal isolé.

Lorsqu'ils veulent dépasser un autre véhicule, ils doivent, avant de prendre à gauche, s'assurer qu'ils peuvent le faire sans risquer une collision avec un véhicule ou animal venant en sens inverse.

Il est interdit d'effectuer un dépassement, quand la visibilité en avant n'est pas suffisante.

Après un dépassement, un conducteur ne doit ramener son véhicule sur la droite qu'après s'être assuré qu'il peut le faire sans inconvénient pour le véhicule ou l'animal dépassé.

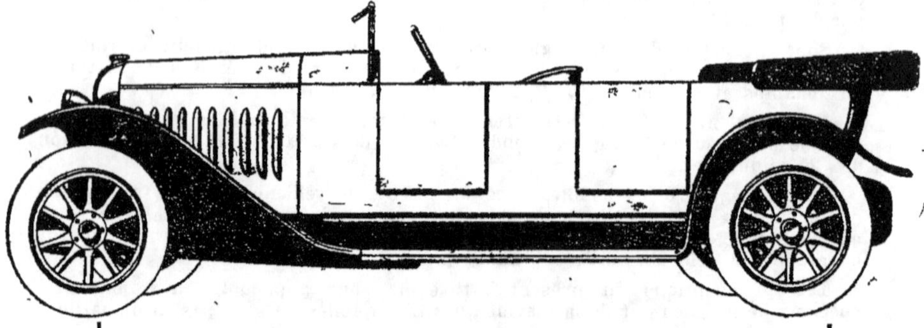

BIFURCATIONS ET CROISÉES DE CHEMINS

Art. 10. — Tout conducteur de véhicule ou d'animaux, abordant une bifurcation ou une croisée de chemins, doit annoncer son approche ou vérifier que la voie est libre, marcher à une allure modérée et serrer sur sa droite, surtout aux endroits où la visibilité est imparfaite.

En dehors des agglomérations, la priorité de passage aux bifurcations et croisées de chemins est accordée aux véhicules circulant sur les routes nationales et sur les routes ou chemins qui leur seraient officiellement assimilés au point de vue de la circulation.

En dehors des agglomérations, à la croisée des chemins de même catégorie au point de vue de la priorité, le conducteur est tenu de céder le passage au conducteur qui vient à sa droite.

Dans les agglomérations, ces mêmes règles sont applicables, sauf prescriptions spéciales édictées par l'autorité compétente.

STATIONNEMENT DES VÉHICULES

Art. 11. — Il est interdit de laisser sans nécessité un véhicule stationner sur la voie publique.

Les conducteurs ne peuvent abandonner leur véhicule avant d'avoir pris les précautions nécessaires pour éviter tout accident.

Tout véhicule en stationnement sera placé de manière à gêner le moins possible la circulation et à ne pas entraver l'accès des propriétés.

Lorsqu'un véhicule est immobilisé par suite d'accident ou que tout ou partie d'un chargement tombe sur la voie publique sans pouvoir être immédiatement relevé, le conducteur doit prendre les mesures nécessaires pour garantir la sécurité de la circulation et notamment pour assurer, dès la chute du jour, l'éclairage de l'obstacle.

CIRCULATION SUR LES PISTES SPÉCIALES

Art. 12. — Lorsqu'une partie de la route a été aménagée spécialement en trottoir ou piste, en vue de circulations déterminées (piétons, cavaliers, cyclistes, etc.), il est interdit d'y circuler ou d'y stationner avec d'autres modes de locomotion, sauf les dérogations prévues à l'article 54 ci-dessous.

CONVOIS

Art. 13. — Des véhicules groupés en vue d'un trajet à faire de conserve forment un convoi.

Par dérogation à l'article 7 ci-dessus, un convoi de véhicules à traction animale peut ne comporter qu'un conducteur par trois véhicules se suivant sans intervalles, sous les réserves suivantes :

a) L'attelage du premier véhicule comportera au plus deux animaux, dont l'un pourra, d'ailleurs, être attelé en flèche; les deuxième et troisième véhicules ne seront attelés chacun que d'un animal;

b) Les animaux attelés au deuxième et au troisième véhicule seront attachés à l'arrière du véhicule qui les précède;

c) Le conducteur, s'il n'est pas à pied, ne pourra prendre place que sur le premier véhicule et devra constamment avoir les guides en mains.

Si le convoi ne comprend que deux véhicules, chacun de ceux-ci pourra comporter plus d'un animal attelé. Dans ce cas, l'on pourra se contenter d'un seul conducteur, et l'attelage de la première voiture pourra comprendre un animal en flèche, à condition que les réserves (b) et (c) ci-dessus soient respectées et que le nombre total des animaux ne dépasse pas six.

Un convoi doit être fractionné en tronçons mesurant chacun 25 mètres de longueur au plus, attelages compris, pour les convois de véhicule à traction animale; en tronçons mesurant 50 mètres de longueur au plus, remorques comprises, pour les convois de véhicules automobiles.

L'intervalle entre deux tronçons consécutifs doit être d'au moins 25 mètres dans le premier cas et de 50 mètres dans le second.

Les dispositions du présent article ne sont pas applicables aux convois militaires.

TRANSPORTS EXCEPTIONNELS

Art. 14. — Lorsqu'il y a lieu de transporter des objets indivisibles de dimensions et de poids considérables, exigeant un attelage supérieur à celui qui est déterminé par l'article 18 du présent règlement ou dépassant les limites de charge fixée par l'article 2. ou ayant une largeur de chargement supérieure à celle qui est fixée par l'article 6, ou enfin susceptible de compromettre le passage des autres véhicules sur une route ou un chemin. les conditions de leur transport sont fixées par les préfets des départements parcourus, après avis des ingénieurs des ponts et chaussées ou des agents-voyers.

Les arrêtés, pris en vertu des dispositions qui précèdent. mentionneront l'itinéraire à suivre et les mesures à prendre pour assurer la facilité et la sécurité de la circulation publique, et. pour empêcher tout dommage aux routes et aux chemins, aux ouvrages d'art et aux plantations.

BARRIERES DE DEGEL

Art. 15. — Les préfets, pour les routes nationales et départementales, les chemins de grande communication et d'intérêt commun, et les routes forestières, les maires, pour les autres voies, peuvent ordonner l'établissement de barrières de dégel.

Peuvent seuls circuler pendant la fermeture de ces barrières :

1° Les courriers postaux;

2 Les véhicules destinés au transport des personnes et étrangers à un service public de transports en commun;

3° Les véhicules à traction animale non chargés et les voitures à bras;

4° Les véhicules ne rentrant pas dans les catégories précédentes, sous réserve que le nombre des animaux d'attelage pour les véhicules à traction animale et la pression exercée sur le sol, par centimètre de largeur de bandage, pour les véhicules de toutes catégories, ne dépassent pas les limites qui seront fixées par le préfet, à raison du climat, du mode de construction et de l'état des chaussées, de la nature du sol et des autres circonstances locales.

Tout véhicule. pris en contravention aux dispositions du présent article, sera arrêté et mis en fourrière, le tout sans préjudice de l'amende encourue et des frais de réparation des dommages causés à la voie publique.

PASSAGE DES PONTS

Art. 16. — Sur les ponts qui n'offriraient pas toutes les garanties nécessaires à la sécurité du passage. le préfet ou le maire, suivant la nature des voies, peuvent prendre toutes dispositions qui seront jugées nécessaires pour assurer cette sécurité.

Le maximum de la charge autorisée et les mesures prescrites pour la protection et le passage de ces ponts sont, dans tous les cas, placardés à leur entrée et à leur sortie, de manière à être parfaitement visibles des conducteurs.

Dans les circonstances urgentes, les maires peuvent prendre les mesures provisoires que leur paraît commander la sécurité publique, sauf à en rendre compte à l'autorité supérieure.

CHAPITRE II

Dispositions spéciales aux véhicules à traction animale

FREINS

Art. 17. — Si la topographie l'exige, le préfet peut imposer sur certaines voies l'obligation de munir tout véhicule d'un frein ou d'un dispositif d'enrayage.

NOMBRE D'ANIMAUX D'UN ATTELAGE

Art. 18. — Sauf dans les cas imprévus à l'article 14 ci-dessus, il ne peut être attelé :

1° Aux véhicules servant au transport des marchandises plus de cinq chevaux ou bêtes de trait, s'il s'agit de véhicule à deux roues ; plus de six bœufs ou de huit chevaux ou autres bêtes de trait s'il s'agit de véhicules à quatre roues, sans qu'il puisse y avoir plus de cinq animaux en enfilade;

2° Aux véhicules servant au transport des personnes, plus de trois chevaux, s'il s'agit de véhicules à deux roues ; plus de six s'il s'agit de véhicules à quatre roues.

Quand le nombre des bêtes de trait est supérieur à six, il doit être adjoint un aide au conducteur.

RENFORTS

Art. 19. — La limitation du nombre des animaux d'attelage, fixée par l'article précédent, n'est pas applicable sur les sections de route offrant des rampes d'une déclivité ou d'une longueur exceptionnelles.

Ces sections de routes sont déterminées par arrêtés préfectoraux et leurs limites sont indiquées sur place par des poteaux portant l'inscription « renfort ».

L'emploi d'animaux de renfort peut aussi être autorisé temporairement par le préfet sur les sections de routes où les travaux de réparations ou d'autres circonstances rendent cette mesure nécessaire. Dans ce cas, des poteaux provisoires sont posés pour indiquer les limites de ces sections.

NEIGE OU VERGLAS

Art. 20. — En temps de neige ou de verglas, les prescriptions relatives à la limitation du nombre des animaux de trait sont suspendues.

CHAPITRE III

Dispositions spéciales aux véhicules automobiles

Art. 21. — Les organes d'un véhicule automobile doivent être disposés de façon à éviter tout danger d'incendie ou d'explosion; leur fonctionnement ne doit constituer aucune cause de danger ou d'incommodité.

Les moteurs doivent être munis d'un dispositif d'échappement silencieux, dont l'emploi est obligatoire dans les agglomérations et quand l'automobile croise ou dépasse en rase campagne des bestiaux ou des animaux de selle, de trait ou de charge.

L'appareil d'où procède la source d'énergie est soumis aux dispositions des réglements sur les appareils de même genre en vigueur ou à intervenir.

ORGANES DE MANŒUVRE ET DE DIRECTION

Art. 22. — Le véhicule doit être disposé de manière que la vue du conducteur soit bien dégagée vers l'avant.

Le conducteur doit pouvoir actionner, de son siège, les organes de manœuvre et consulter les appareils indicateurs, sans cesser de surveiller la route.

Les organes de commande de la direction offriront toutes les garanties de solidité désirables.

Les véhicules automobiles dont le poids à vide excède 550 kilogrammes. seront munis de dispositifs de marche arrière.

Tout véhicule automobile servant au transport des marchandises et dont le poids en charge dépasse 3,000 kilos doit être muni d'un appareil rétroviseur disposé de telle manière que le conducteur puisse apercevoir, de sa place, tout autre véhicule susceptible de le dépasser.

Le délai d'application des prescriptions du précédent paragraphe aux véhicules en service lors de la promulgation du présent réglement est fixé par l'article 60 ci-après.

ORGANES DE FREINAGE

Art. 23. — Tout véhicule automobile doit être pourvu de deux systèmes de freinage à commande et transmission indépendantes; ces freins doivent être

ARTA

ROUBAIX

3, Rue du Grand-Chemin, 3

Téléph. 11.10

AUTOMOBILES

ATELIERS : 14, rue Saint-Hubert (Pont-Rouge)

Voiture FRANÇON 2, 3 et 4 places

Voiture Economique par excellence - Marche régulière

RÉPARATIONS DE VOITURES DE TOUTES MARQUES

Stock de pièces détachées G. G. O. Schneider
Stock de Pneus et Chambres Michelin

TRANSPORTS -- POIDS LOURDS

SPÉCIALITÉ DE TRANSFORMATIONS :
remplacement de bandages pleins par pneumatiques

Stock Régional :
239, Boulevard de la République
LA MADELEINE (Nord) - Téléph. LILLE 22-62

Le SOUPLE CORDE

GOODRICH

Le seul Pneu

dont la réputation grandit chaque jour, parce que sa comparaison avec n'importe quelle autre marque se termine toujours à son avantage.

Dans tous les bons Garages
BANDAGE PLEIN GOODRICH
Le meilleur rendement kilométrique

☞ **PRESSE de MONTAGE**
- - GRATUIT - -

suffisamment puissants pour arrêter et immobiliser le véhicule sur les plus fortes déclivités.

L'un au moins des systèmes de freinage doit agir directement sur les roues ou sur des couronnes immédiatement solidaires de celles-ci.

Dans le cas d'un véhicule à avant-train moteur. l'un des systèmes de freinage à la disposition du conducteur doit agir sur les roues arrière du véhicule.

Les remorques uniques sont exemptées de l'obligation des freins. Dans le cas de train routier, chaque véhicule doit être muni d'un système de freinage satisfaisant aux conditions du premier alinéa du présent article et susceptible d'être actionné, soit par le conducteur à son poste sur l'automobile, soit par un conducteur spécial.

ECLAIRAGE

Art. 24. — Tout véhicule automobile, autre que la motocyclette, doit être muni, dès la chute du jour, à l'avant, de deux lanternes à feu blanc et à l'arrière d'une lanterne à feu rouge placée à gauche.

Pour la motocyclette. l'éclairage peut être réduit soit à un feu visible de l'avant et de l'arrière, soit même. quand un appareil à surface réfléchissante rouge est établi à l'arrière, à un feu visible de l'avant seulement.

En outre, tout véhicule marchant à une vitesse supérieure à 20 kilomètres à l'heure devra porter au moins un appareil supplémentaire, qui aura une puissance suffisante pour éclairer la route à cent mètres en avant et dont le faisceau lumineux sera réglé de manière à n'être pas aveuglant pour les autres usagers de la route. L'emploi de ces appareils est interdit. à la traversée des agglomérations, dans les voies pourvues d'un éclairage public.

Le ministre des Travaux publics détermine, par arrêté, les spécifications auxquelles doivent répondre les dispositifs d'éclairage des automobiles pour satisfaire aux prescriptions de l'alinéa qui précède. Il approuve les types des dispositifs qui sont reconnus répondre à ces prescriptions.

Dès la chute du jour les automobiles isolés doivent être munis d'un dispositif lumineux capable de rendre lisible le numéro inscrit sur la plaque arrière et dont l'apposition est prescrite par l'article 27 du présent règlement. Dans le cas de véhicules remorqués par un' automobile, ce dispositif d'éclairage ainsi que le feu rouge d'arrière devront être reportés à l'arrière de la dernière remorque qui doit également porter le numéro du véhicule tracteur, conformément à l'article 32 ci-après.

Le délai d'application des prescriptions du présent article aux véhicules en service lors de la promulgation du présent règlement, est fixé par l'article 60 ci-après.

SIGNAUX SONORES

Art. 25. — En rase campagne, l'approche de tout véhicule automobile doit être signalée, en cas de besoin, au moyen d'un appareil sonore susceptible d'être entendu à 100 mètres au moins et différent des types de signaux réservés à d'autres usages par des règlements spéciaux.

Toutefois, dans les agglomérations, le son émis par l'avertisseur devra rester d'intensité assez modérée pour ne pas incommoder les habitants où les passants, ni effrayer les animaux. L'usage des trompes à sons multiples, des sirènes et des sifflets y est interdit.

RECEPTION

Art. 26. — La constatation que les véhicules automobiles satisfont aux diverses prescriptions des articles 21, 22 et 23 ci-dessus est faite par le service des mines. soit par type de véhicule sur la demande du constructeur, soit par véhicule isolé sur la demande du propriétaire.

Pour les véhicules construits en France. le constructeur doit demander la

vérification de tous les types d'automobiles qu'il a établis ou qu'il établira. En ce qui concerne les véhicules de provenance étrangère, la vérification par type n'est admise que si le constructeur étranger possède en France un représentant spécialement accrédité auprès du ministre des Travaux publics. Dans ce cas, elle a lieu sur la demande du dit représentant.

Lorsque le fonctionnaire du service des mines a constaté que le véhicule présenté satisfait aux prescriptions réglementaires, il dresse de ses opérations un procès-verbal dont une expédition est remise au demandeur.

Le constructeur a la faculté de livrer au public un nombre quelconque de véhicules conformes à chacun des types qui ont été reconnus satisfaire au règlement. Il donne à chacun d'eux un numéro d'ordre dans la série à laquelle le véhicule appartient et il remet à l'acheteur une copie du procès-verbal, ainsi qu'un certificat attestant qu le véhicule livré est entièrement conforme au type. Le certificat spécifie le maximum de vitesse que le véhicule est capable d'atteindre en palier. Pour les voitures de provenance étrangère, ce certificat doit être signé, pour le constructeur, par le représentant mentionné au deuxième alinéa du présent article.

En cas de refus par les ingénieurs des mines, de dresser procès-verbal constatant que le véhicule présenté satisfait aux prescriptions réglementaires, les intéressés peuvent faire appel au ministre des Travaux publics qui statue après avis de la Commission centrale des automobiles.

PLAQUES

Art. 27. — Indépendamment de la plaque prescrite par l'article 5 ci-dessus et portant les nom, prénoms, profession et domicile du propriétaire, tout véhicule automobile doit porter d'une manière apparente, sur une ou plusieurs plaques métalliques, le nom du constructeur, l'indication du type et le numéro d'ordre dans la série du type et, en outre, s'il s'agit d'un véhicule destiné à transporter des marchandises, le poids du véhicule à vide, et le poids du chargement maximum. Les véhicules remorqués doivent porter, également sur une plaque métallique, l'indication de leur poids à vide et du poids de leur chargement maximum.

Tout véhicule automobile doit, en outre, être pourvu de deux plaques d'identité portant un numéro d'ordre; ces plaques doivent être fixées en évidence d'une manière inamovible à l'avant et à l'arrière du véhicule. Le ministre des Travaux publics en arrête le modèle et le mode de pose; il détermine également l'attribution des numéros d'ordre aux intéressés.

AUTORISATION DE CIRCULER

Art. 28. — Tout propriétaire d'un véhicule automobile doit, avant de le mettre en circulation sur les voies publiques, adresser au préfet du département de sa résidence une déclaration faisant connaître ses nom et domicile et accompagnée d'une copie du procès-verbal dressé en exécution de l'article 26 ci-dessus.

Un récépissé de sa déclaration est remis au propriétaire; ce récépissé indique le numéro d'ordre assigné au véhicule.

La déclaration du propriétaire est communiquée sans délai au service des mines.

La déclaration faite dans un département est valable pour toute la France.

Les prescriptions du présent article ne sont pas applicables aux véhicules automobiles des formations de l'armée et de la marine, immatriculés dans des séries spéciales. Pour ces véhicules, le livret matricule du modèle réglementaire tient lieu de récépissé de déclaration.

PERMIS DE CONDUIRE

Art. 29. — Nul ne peut conduire un véhicule automobile s'il n'est porteur d'un permis délivré par le préfet du département de sa résidence, sur l'avis favorable d'un expert accrédité par le ministre des Travaux publics. Ce permis ne pourra être délivré à l'avenir qu'à des candidats âgés d'au moins dix-huit ans. Il ne

pourra être utilisé pour la conduite soit des voitures affectées à des transports en commun, soit des véhicules dont le poids en charge dépasse 3.000 kilos, que s'il porte une mention spéciale à cet effet.

Les conducteurs de motocycles à deux roues devront être porteurs d'un permis spécial que le préfet pourra, sur l'avis favorable d'un expert accrédité délivrer aux candidats âgés de seize ans au moins.

Le ministre des travaux publics fixe, par arrêté, les conditions dans lesquelles devront être établis et délivrés les permis de conduire.

Tout permis de conduire pourra être retiré, par arrêté préfectoral, le titulaire ou son représentant entendu, après une contravention aux dispositions du présent décret ; il devra être obligatoirement retiré dans le cas de contravention aggravée par l'ivresse du conducteur, comme au cas d'incapacité permanente dûment constatée, survenue postérieurement à sa délivrance.

Sont dispensés des prescriptions énoncées dans les paragraphes précédents, les conducteurs de véhicules à propulsion mécanique, dont l'objet principal est la culture des terres.

CIRCULATION DES AUTOMOBILES

Art. 30. — Le conducteur d'une automobile est tenu de présenter à toute réquisition des agents de l'autorité compétente :

1° Son certificat de capacité;

2° Le récépissé de déclaration du véhicule.

Il ne doit jamais quitter le véhicule sans avoir pris les précautions utiles pour prévenir tous accidents, toute mise en route intempestive et pour supprimer tout bruit gênant du moteur.

En cas de dérangement en cours de route, les réparations et la mise au point bruyantes doivent, sauf impossibilité absolue, être opérées à 100 mètres au moins de toute habitation.

VITESSE

Art. 31. — Sans préjudice des responsabilités qu'il peut encourir, à raison des dommages causés aux personnes, aux animaux, aux choses ou à la route, tout conducteur d'automobile doit rester constamment maître de sa vitesse; il est tenu, non seulement de réduire cette vitesse à l'allure autorisée sur les voies publiques, pour l'usage desquelles les préfets et les maires ont le pouvoir d'édicter des prescriptions spéciales, conformément aux dispositions de l'article 62 du présent décret, mais de ralentir ou même d'arrêter le mouvement toutes les fois que le véhicule, en raison des circonstances ou de la disposition des lieux, pourra être une cause d'accident, de désordre ou de gêne pour la circulation, notamment dans les agglomérations, dans les courbes, les fortes descentes, les sections de routes bordées d'habitations, les passages étroits et encombrés, les carrefours, lors d'un croisement, ou d'un dépassement ou encore, lorsque, sur la voie publique, les bêtes de trait, de charge ou de selle ou les bestiaux montés ou conduits par des personnes, manifestent à son approche des signes de frayeur.

La vitesse des automobiles doit également être réduite dès la chute du jour et en cas de brouillard.

En outre, les véhicules automobiles, dont le poids total en charge est supérieur à 3 000 kilos, seront astreints, suivant qu'il s'agira du transport des personnes ou des marchandises et selon la nature des bandages et le poids total du véhicule, à ne pas dépasser les vitesses maxima qui seront fixées par un arrêté spécial pris par les ministres des travaux publics et de l'intérieur, après avis de la commission centrale des automobiles, du conseil général, des ponts et chaussées et du comité consultatif de la vicinalité.

AUTOMOBILES, TRACTEURS ET VÉHICULES REMORQUES

Art. 32. — A. — **Règles communes au cas d'une remorque unique et au cas de plusieurs remorques.** — Sont applicables aux véhicules remorqués les

prescriptions du présent règlement relatives aux véhicules isolés visés aux articles 2. 3. 5 et au premier alinéa de l'article 27 ci-dessus. — Sont également applicables aux ensembles formés par les véhicules-tracteurs et les véhicules remorqués, les prescriptions de l'article 13 ci-dessus concernant les convois.

Le dernier véhicule remorqué doit toujours porter à l'arrière une plaque d'identité reproduisant la plaque d'arrière du véhicule tracteur visé au deuxième alinéa de l'article 27. — Toutefois, la plaque du véhicule remorqué pourra être amovible.

Les dispositions particulières aux véhicules remorqués en ce qui concerne les freins et l'éclairage sont énoncées aux articles 23 et 24 ci-dessus.

Les attelages de fortune au moyen de cordes ou de tout autre dispositif ne sont tolérés qu'en cas de nécessité absolue et sous réserve d'une allure très modérée; des mesures doivent être prises pour rendre ces attelages parfaitement visibles le jour comme la nuit. Lorsqu'un même tracteur remorque plusieurs véhicules, il ne peut être employé de moyens de fortune que pour un seul attelage.

B. — Règles spéciales au cas d'une remorque unique. — Les limitations de vitesse résultant des dispositions de l'article 31 ci-dessus pour les véhicules automobiles dont le poids total en charge dépasse 3.000 kilos, s'appliquent à l'ensemble formé par un tracteur et sa remorque considérés comme un véhicule unique dont le poids serait égal à la somme des poids en charge de ses deux éléments.

Si le tracteur et la remorque ne sont pas munis de bandages de même nature leur vitesse ne peut dépasser le plus faible maximum autorisé pour l'une et l'autre des catégories de bandages utilisés.

Si le poids en charge de la remorque ne dépasse pas la moitié du poids à vide du tracteur, il n'est pas tenu compte de la remorque pour la limitation de vitesse qui reste déterminée par le poids en charge du tracteur seul.

Toutefois, les véhicules, même pesant en charge moins de 1.000 kilogr. et traînant une remorque, ne devront, en aucun cas, marcher à une vitesse supérieure à 40 kilomètres à l'heure.

C. — Règles spéciales au cas de plusieurs remorques. — Les trains comprenant plusieurs remorques ne peuvent être admis à circuler dans un département sans une autorisation délivrée par un préfet de ce département, après avis soit de l'ingénieur en chef des ponts et chaussées, soit de l'agent voyer en chef, soit de ces deux chefs de service, suivant la nature des routes et chemins parcourus.

La demande doit indiquer :

1° Les routes et chemins que le pétitionnaire a l'intention de suivre;

2° Les poids en charge du tracteur et de chacune des remorques, ainsi que le poids de l'essieu le plus chargé;

3° La composition habituelle des trains et leur longueur totale;

4° La vitesse de marche prévue;

5° Le mode de freinage adopté en conformité des prescriptions de l'article 23

L'autorisation détermine les conditions que doivent remplir l'automobile et ses conducteurs, pour assurer la sécurité et la commodité de la circulation; en particulier, elle fixe la vitesse maxima de marche, le nombre d'hommes qui doivent être attachés au service du train; en aucun cas, ce nombre ne saurait être inférieur à deux et il doit toujours être tel que si les freins des véhicules convoyés ne sont pas actionnés par le mécanicien, leur manœuvre soit confiée à autant de conducteurs spéciaux qu'il est nécessaire pour assurer la sécurité de la marche du train en égard aux déclivités du parcours et à la vitesse de marche. Les intéressés peuvent faire appel de la décision du préfet devant le ministre des Travaux publics qui statue après avis de la commission centrale des automobiles.

Les prescriptions du présent article ne sont applicables aux matériels spéciaux des départements de la guerre et de la marine qu'autant qu'elles ne sont pas incompatibles avec leur destination.

COURSES D'AUTOMOBILES

Art. 33. — Lorsque le parcours d'une course d'automobiles est compris dans l'étendue d'un seul département, l'autorisation est donnée par le préfet, après avis des chefs de service de voirie et des maires des communes traversées.

Lorsque le parcours comprend plusieurs départements, l'autorisation est délivrée par le ministre de l'Intérieur, sur l'avis des préfets des départements traversés, après consultation des chefs de service de voirie et des maires.

Les frais de surveillance et autres occasionnés à l'administration par la course sont supportés par les organisateurs de celle-ci qui doivent déposer, à cet effet, une consignation préalable.

Dispositions spéciales aux véhicules attelés ou automobiles affectés aux services publics de transport en commun.

DÉCLARATION

Art. 34. — Les entrepreneurs de services publics de transport en commun, par véhicules attelés ou automobiles, sont tenus de déclarer au préfet du département le siège principal de leur établissement, le nombre de leurs voitures, celui des places qu'elles contiennent, le lieu de destination, les jours et heures de départ et d'arrivée.

Tout changement aux dispositions ainsi arrêtées donne lieu à une déclaration nouvelle.

FREINS

Art. 35. — Les véhicules attelés, affectés aux services publics sus-visés doivent être pourvus d'au moins un frein pouvant être facilement manié de son siège par le conducteur et, en outre, d'un autre dispositif susceptible d'immobiliser l'une au moins des roues d'arrière.

Dispense de ce dernier dispositif peut être accordée par le préfet pour les véhicules circulant habituellement sur des intinéraires peu accidentés.

- Les véhicules automobiles affectés aux services publics sus-visés sont astreints aux prescriptions de l'article 23 ci-dessus.

DISPOSITIONS INTÉRIEURES ET EXTÉRIEURES DES VÉHICULES

Art. 36. — L'intérieur des véhicules affectés aux services publics de transport en commun doit être disposé de manière à assurer la sécurité et la commodité des voyageurs.

Les indications relatives à l'itinéraire suivi doivent être portées à l'extérieur des véhicules d'une façon très apparente.

ÉCLAIRAGE

Art. 37. — Pendant la nuit, les véhicules affectés aux services publics sus-visés seront signalés en avant par deux feux blancs et en arrière par un feu rouge.

Ce dernier devra être placé sur le côté gauche du véhicule. Il pourra, conformément à l'article 4 ci-dessus, être produit par le même foyer lumineux que le feu gauche d'avant, dans le cas où la longueur totale du véhicule, chargement compris, n'excède pas 6 mètres.

L'éclairage des véhicules automobiles sera assuré dans les conditions prévues par l'article 24 ci-dessus. Toutefois, la vitesse maxima à partir de laquelle est obligatoire l'emploi d'un feu éclairant la route à 100 mètres au moins en avant est abaissé de 20 à 12 kil. à l'heure.

RÉCEPTION

Art. 38. — Aussitôt après la déclaration faite en vertu de l'article 34 ci-dessus, le préfet ordonne la visite des véhicules, afin de constater qu'ils

ne présentent aucun vice de construction qui puisse occasionner des accidents et qu'ils satisfont aux conditions nécessaires pour assurer la commodité et la sécurité du transport des voyageurs.

Cette visite, qui pourra être renouvelée toutes les fois que l'autorité le jugera nécessaire, est faite en présence du maire et de son délégué.

L'entrepreneur a la faculté de nommer, de son côté, un expert pour opérer contradictoirement avec celui de l'administration. En cas de désaccord entre les experts il sera statué par le préfet sur le vu de leurs avis.

La visite des véhicules est faite à l'un des principaux établissements de l'entreprise; les frais sont à la charge de l'entrepreneur.

AUTORISATION DE CIRCULER ET DE STATIONNER

Art. 39. — Aucun véhicule affecté aux services publics de transport en commun ne peut être mis en circulation sans une autorisation délivrée par le préfet, après réception du véhicule effectuée comme il est dit à l'article 38 ci-dessus. En ce qui concerne la mise en circulation de nouvelles automobiles, cette réception ne dispense d'ailleurs pas des formalités prescrites au chapitre III du présent règlement.

Le préfet transmet au directeur des contributions indirectes un extrait des autorisations qu'il a accordées. L'estampille prescrite par l'article 117 de la loi du 25 mars 1817 n'est délivrée que sur le vu de l'autorisation qui doit être inscrite sur un registre spécial.

Le retrait d'autorisation de circuler peut être prononcé par le préfet dans les mêmes formes que la réception s'il est constaté que le véhicule ne satisfait plus aux conditions voulues.

Les points de stationnement sont fixés par arrêté préfectoral.

INDICATIONS DIVERSES ET TARIFS

Art. 40. — Chaque véhicule affecté aux services publics de transport en commun doit porter à l'extérieur, dans un endroit apparent, indépendamment de l'estampille délivrée par l'administration des contributions indirectes, le nom et le domicile de l'entrepreneur.

Le nombre et le prix des places sont affichés à l'intérieur des compartiments.

Les tarifs ne peuvent être modifiés qu'après que les changements prévus auront été affichés au moins pendant huit jours pleins par l'entrepreneur dans ses divers bureaux et à l'intérieur des compartiments de ses véhicules.

OBLIGATIONS IMPOSÉES AUX CONDUCTEURS

Art 41. — Nul ne peut être admis à conduire des véhicules affectés aux services publics de transport en commun s'il n'est porteur d'un certificat de bonne vie et mœurs délivré par le maire de la commune de son domicile, et, en outre, pour les véhicules automobiles, du certificat de capacité visé à l'article 29 ci-dessus.

Les cochers de voitures attelées doivent être âgés de 16 ans au moins et les conducteurs d'automobiles de 20 ans au moins.

Dans les haltes, le receveur et le conducteur ne peuvent quitter en même temps le véhicule tant qu'il reste attelé ou que le moteur est en mouvement.

Avant de donner le signal du départ, le receveur ou, à son défaut, le conducteur, doit s'assurer que les dispositifs, destinés à assurer la sécurité des voyageurs, sont en place.

DROIT DE PASSAGE

Art. 42. — Lorsque, contrairement à l'article 9 du présent règlement, un roulier ou conducteur de véhicule quelconque de bête de trait, de charge ou de selle ou d'animal, n'aura pas cédé la moitié de la chaussée à un véhicule affecté à un service public de transport en commun, le conducteur qui aurait à se plaindre de cette contravention en fait la déclaration avec tous renseignements et justifications à l'appui, à l'officier de police du lieu le plus rapproché.

Celui-ci dresse procès-verbal de la déclaration et la transmet sur le champ au Procureur de la République.

CRÉATION DE RELAIS

Art. 43. — Les entrepreneurs sont tenus de faire aux préfectures des départements intéressés la déclaration des lieux où des relais sont situés, ainsi que la déclaration du nom des relayeurs.

La déclaration est renouvelée chaque fois que les entrepreneurs traitent avec un nouveau relayeur.

ORGANISATION DES RELAIS

Art. 44. — Les relayeurs ou leurs préposés sont tenus d'être présents à l'arrivée et au départ de chaque véhicule et de s'assurer eux-mêmes, et sous leur responsabilité, que les conducteurs ne sont pas en état d'ivresse.

La tenue des relais, en tout ce qui intéresse la sécurité des voyageurs, est surveillée par les maires des communes où ces relais se trouvent établis.

REGISTRE DES RÉCLAMATIONS

Art. 45. — A chaque bureau de départ et d'arivée, et à chaque relais, il doit exister un registre, coté et paraphé par le maire pour l'inscription des plaintes que les voyageurs peuvent avoir à formuler contre les conducteurs, cochers ou receveurs. Ce registre est présenté aux voyageurs à toute réquisition par le chef de bureau ou le relayeur.

DISPOSITIONS SPÉCIALES AUX VOITURES INTERNATIONALES

Art. 46. — Les véhicules qui assurent un service international de transport en commun sont soumis, en ce qui concerne les parcours sur le territoire français, aux prescriptions du présent règlement, sauf dérogation résultant d'un accord entre les gouvernements intéressés.

PUBLICITÉ DES DISPOSITIONS PRÉCÉDENTES

Art. 47. — Les articles 31 à 45 inclus doivent être constamment placardés par les soins des entrepreneurs dans le lieu le plus apparent des bureaux et des relais.

Les articles 40 et 45 doivent être imprimés à part et affichés dans l'intérieur de chacun des compartiments des véhicules.

CHAPITRE V

Dispositions applicables aux Cycles

A. — CYCLES POURVUS D'UN MOTEUR MECANIQUE

Art. 48. — Les cycles pourvus d'un moteur mécanique sont régis par les dispositions du chapitre III ci-dessus.

B. — CYCLES SANS MOTEUR MECANIQUE

ECLAIRAGE

Art. 49. — Dès la chute du jour, tout cycle doit être pourvu, soit d'un feu visible de l'avant et de l'arrière, soit d'un feu visible de l'avant seulement et d'un appareil à surface réfléchissante rouge à l'arrière.

SIGNAUX SONORES

Art. 50. — Tout cycle doit être muni d'un appareil avertisseur constitué par un timbre à note aiguë ou un grelot, dont le son puisse être entendu à 50 mètres au moins, et qui sera actionné aussi souvent qu'il sera besoin. L'emploi de tout autre signal sonore est interdit.

PLAQUES

Art. 51. — Tout cycle doit porter une plaque métallique indiquant le nom et le domicile du propriétaire, ainsi qu'un numéro d'ordre, si le propriétaire est loueur de cycles.

VITESSE

Art. 52. — Les cycles doivent prendre une allure modérée dans la traversée des agglomérations, ainsi qu'aux croisements, carrefours et tournants des voies publiques.

Ils ne peuvent former dans les rues des groupes susceptibles de gêner la circulation.

CROISEMENT OU DEPASSEMENT

Art. 53. — Les cyclistes doivent prendre leur droite lorsqu'ils croisent des véhicules quelconques, des cycles ou des animaux, et leur gauche lorsqu'ils veulent les dépasser; dans ce dernier cas, ils sont tenus d'avertir le conducteur ou le cavalier au moyen de leur appareil sonore et de modérer leur allure.

REGLEMENTATION DE LA CIRCULATION DES CYCLES

Art. 54. Par dérogation à l'article 12 ci-dessus, la circulation des cycles est admise sur les trottoirs à condition que les machines soient conduites à la main.

En outre, le long des routes et chemins pavés ou en état de réfection, la circulation des cycles est tolérée, en dehors des agglomérations sur les trottoirs et contre-allées affectés aux piétons. Mais, dans ce cas, les cyclistes sont tenus de prendre une allure modérée à la rencontre des piétons et de réduire leur vitesse au droit des habitations.

CHAPITRE VI

Dispositions applicables aux piétons et aux animaux non attelés et montés

PIETONS

Art. 55. — Sans préjudice des mesures de prudence qui leur incombent, les conducteurs de véhicules quelconques sont tenus d'avertir les piétons de leur approche.

Les piétons dûment avertis doivent se ranger pour laisser passer les véhicules, cycles, bêtes de trait, de charge ou de selle.

TROUPEAUX

Art. 56. — La conduite des groupes et troupeaux d'animaux de toute espèce circulant sur les voies publiques, doit être assurée de telle manière qu'elle ne constitue pas une entrave pour la circulation publique et que leur croisement ou dépassement puisse s'effectuer dans des conditions satisfaisantes. Les troupeaux ne doivent pas stationner sur la chaussée.

Les préfets déterminent chaque année les conditions particulières à observer pour les troupeaux transhumants afin de gêner le moins possible la circulation publique, et notamment les itinéraires que doivent suivre ces troupeaux.

DIVAGATION OU ABANDON DES ANIMAUX SUR LA VOIE PUBLIQUE

Art. 57. — Sans préjudice des dispositions du code pénal concernant les animaux malfaisants ou féroces, il est interdit de laisser vaguer sur les voies publiques un animal quelconque et d'y laisser à l'abandon des bêtes de trait, de charge ou de selle.

PACAGE

Art. 58. — Il est défendu de faire ou de laisser paître les animaux de toute espèce sur les voies publiques autres que les chemins ruraux ou vicinaux ordinaires n'intéressant pas la circulation générale et qui auront été portés à la connaissance du public par arrêté préfectoral.

Ces animaux devront être tenus en laisse.

CHAPITRE VII

Dispositions transitoires et diverses

CONTRAVENTION AU PRESENT REGLEMENT

Art. 59. — Les contraventions aux dispositions du présent règlement seront constatées par des procès-verbaux et déférées aux tribunaux compétents, conformément aux lois et règlements en vigueur.

DELAIS D'APPLICATION DU PRESENT REGLEMENT

Art. 60. — Les délais suivants sont accordés pour l'application des articles visés ci-dessus aux véhicules qui seront en service lors de la publication du présent règlement.

Jusqu'au 1er juin 1924 :

Pour les prescriptions de l'article 22 concernant l'obligation, pour certains véhicules automobiles, d'être munis d'un appareil rétroviseur;

Pour les prescriptions de l'article 24 relatives à l'éclairage spécial des véhicules automobiles.

Jusqu'au 1er juin 1926 :

Pour les prescriptions de l'article 2 relatives aux dimensions et à la nature des bandages des roues;

Pour les prescriptions de l'article 3 relatives au gabarit des véhicules et aux saillies des fusées d'essieux, des moyeus et des organes de freinage.

Pendant les périodes transitoires, chaque espèce continuera à être soumise aux règlements qui lui étaient applicables avant la promulgation du décret du 27 mai 1921.

EXCEPTIONS

Art. 61. — Le présent règlement ne s'appliquera pas aux voies ferrées empruntant l'assiette des voies publiques ni aux véhicules servant à l'exploitation de ces voies ferrées qui continuent à être soumis aux règlements spéciaux les concernant.

Sont dispensés des prescriptions de l'article 21 (2e paragraphe), de l'article 22 (4e paragraphe) et des articles 23 à 30 inclus du présent règlement, les appareils automobiles, à usage agricole ou industriel, s'ils ne servent pas au transport des marchandises ou des personnes autres que le conducteur ou les ouvriers nécessaires à l'utilisation desdits appareils et si leur vitesse de marche ne peut dépasser 10 kilomètres à l'heure.

POUVOIRS DES PREFETS ET DES MAIRES

Art. 62. — Les dispositions du présent décret ne font pas obstacle au droit conféré par les lois et règlements aux préfets et aux maires, de prescrire, dans les limites de leurs pouvoirs, et lorsque l'intérêt de la sécurité ou de l'ordre public l'exige, des mesures plus rigoureuses que celles édictées par le présent règlement.

REGLEMENTS ABROGES

Art. 63. — Sont et demeurent abrogés, les décrets des 10 août 1852 et 24 février 1858, relatifs à la police du roulage, le décret du 29 août 1863 concernant l'établissement des barrières de dégel, les décrets du 10 mars 1899, du 10 septembre 1901 et du 4 septembre 1919 ayant trait à la circulation des automobiles; les décrets des 27 mai 1921, 3 juin 1922 et 31 août 1922, portant règlement général sur la police de la circulation et du roulage, ainsi que toutes dispositions contraires à celles du présent règlement.

EXECUTION DU DECRET

Art. 64. — Les ministres de l'Intérieur, des Finances et des Travaux publics sont, chacun en ce qui les concerne, chargés de l'exécution du présent décret qui sera publié au « Journal Officiel » et inséré au « Bulletin des Lois ».

Fait à Paris, le 31 décembre 1922.

A. Millerand.

ARRÊTÉ MINISTÉRIEL DU 25 JANVIER 1923

Les ministres de l'intérieur et des travaux publics,

Sur la proposition du conseiller d'Etat, directeur de l'administration départementale et communale au ministère de l'intérieur, et de l'inspecteur général des ponts et chaussées chargé du service de la voie routière, au ministère des travaux publics;

Vu l'article 31 du décret du 31 décembre 1922, portant règlement sur la police de la circulation et du roulage;

Vu l'avis du conseil général des ponts et chaussées en date du 16 novembre 1922;

Vu l'avis du comité consultatif de la vicinalité en date du 25 novembre 1922;

Arrêtent :

Article 1er. — Les véhicules automobiles, dont le poids total en charge est supérieur à 3.000 kilogrammes, sont astreints, suivant leur poids total en charge la nature de leurs bandages et leur affectation au transport, soit des personnes, soit des marchandises, à ne pas dépasser les vitesses maxima ci-après :

CATÉGORIE	POIDS TOTAL EN CHARGE	VITESSE MAXIMUM A L'HEURE		
		Bandages rigides seulement toleres jusqu'au 1er Juin 1926 — Tous Transports	Bandages élastiques	
			Transport des personnes	Transport des marchandises
		Kilometres	Kilometres	Kilometres
1re	3.001 kg. à 4.500 kg....	12	35	25
2e	4.501 kg. à 8.000 kg....	8	25	20
3e	8 801 kg. à 11.000 kg....	5	15	15
4e	Au-dessus de 11.000 kg....	5	8	8

Art. 2. — A titre provisoire, les vitesses maxima que peuvent atteindre les véhicules automobiles dont le poids total en charge dépasse 3.000 kilogrammes, s'ils sont pourvus de bandages pneumatiques, sont fixées comme suit :

CATÉGORIE des véhicules	POIDS TOTAL EN CHARGE	VITESSE MAXIMUM A L'HEURE	
		Transport des personnes	Transport des marchandises
		Kilomètres	Kilomètres
1re	3 001 kg. à 4.500 kg....	40	35
2e	4.501 kg. à 8.000 kg....	35	30
3e	8.001 kg. à 11.000 kg....	25	20
4e	Au-dessus de 11.000 kg....	15	10

Art. 3 — Indépendamment de leur droit de fixer des vitesses inférieures aux maxima ci-dessus, d'après l'état des lieux et les nécessités de la sécurité publique, les préfets peuvent, sur avis conforme du maire et des services de voirie compétents, exceptionnellement autoriser des vitesses supérieures sur des chaussées spécialement aménagées pour la circulation des véhicules de poids lourds.

Art. 4. — Les préfets et les maires. les fonctionnaires du service des ponts et chaussées et du service vicinal et tous autres agents qualifiés pour exercer la police de la circulation et du roulage, sont chargés de veiller à l'application du présent arrêté qui sera publié au « Journal Officiel ».

Fait à Paris, le 25 janvier 1923.

Le Ministre de l'Intérieur,
Maurice Maunoury.

Le Ministre des Travaux Publics.
Yves Le Trocquer.

$$\blacklozenge$$

CONSEILS AUX AUTOMOBILISTES
en cas d'accident ou de procès=verbal

AUTOMOBILISTES,

Vous savez que vous êtes traqués par la police. par les gendarmes. par les piétons. par les agriculteurs, par tous ceux qui n'ont pas d'automobiles.

Vous savez que vous devez toujours avoir deux fois raison pour échapper aux condamnations pénales et civiles.

Mais trop souvent **vous ignorez** que devant la justice il ne suffit pas d'avoir raison — il faut encore prouver qu'on a raison.

C'est pourquoi bien souvent vous êtes condamnés parce que **vous n'avez pas fait tout ce qu'il fallait pour vous défendre.**

Pour votre sauvegarde future, **lisez** avec soin les conseils que nous vous donnons. **apprenez-les** par cœur — et **faites-les lire** et **apprendre** par vos chauffeurs.

Vous nous remercierez un jour de vous les avoir donnés.

a) **EN CAS D'ACCIDENT :**

I. — Si vous disposez d'un **appareil photographique**, prenez des clichés avant que rien n'ait bougé.

II. — Prenez les **noms et adresses des témoins**; si personne n'est présent, tentez d'amener sur les lieux de l'accident les personnes se trouvant à proximité.

Les personnes transportées dans l'auto (si elles ne sont ni parentes ni salariées de l'automobiliste) peuvent toujours servir de témoins.

Faites constater aux témoins :

La **position exacte** de la voiture sur la route.

A cet effet, prenez au mètre ou au pas toutes les **mesures** (largeur de la route, de sa partie empierrée et des accotements. distance de la route droite au bord de la route. etc.).

En cas de collision avec un autre véhicule. prenez les mêmes mesures pour ce véhicule.

En cas de collision à un **croisement de routes**, mesurer également la largeur de la route suivie par l'autre véhicule. Prenez le numéro.

III. — Faites constater les **traces** laissées sur le sol par le passage. le freinage ou le dérapage de la ou des voitures.

IV. — Faites évaluer la **vitesse** de la ou des voitures en prenant autant que possible des points de repère.

(Au besoin. faites constater l'heure exacte de l'accident et recherchez dans une agglomération précédemment traversée et lors du dernier arrêt d'une personne ayant pu remarquer l'heure de votre présence ou de votre passage).

V. — Faites remarquer aux témoins l'usage que vous avez fait de votre **avertisseur.**

Faites-leur constater, s'il y a lieu, que vos lanternes et vos phares étaient allumés.

Faites-leur constater la position des manettes et des leviers.

VI. — Faites-leur remarquer toutes les **circonstances particulières** qui expliquent l'accident (relief du sol, poussière, brouillard, vue masquée, sol glissant, route bombée, éclatement, etc.).

VII. — Faites-leur constater l'état des véhicules, **le point d'abordage**, toutes les avaries, l'état des divers organes.

VIII. — Prenez note avec soin du **nom et du domicile** de votre antagoniste, notez également la marque' et le numéro de sa voiture.

IX. — Veillez soigneusement à ce que votre attitude ou vos paroles ne puissent pas être interprétées comme une reconnaissance de votre responsabilité; **évitez** en conséquence **toutes promesses**, engagements ou versements d'argent.

X. — En **cas de blessures**, faites constater **l'état** de votre victime, ses lésions apparentes, les traces qui peuvent être relevées sur ses divers **vêtements**; vous pouvez vous offrir à aller quérir un médecin ou à transporter le blessé, mais en déclarant soigneusement **ne pouvoir prendre d'engagement** ni à l'égard du médecin ni à l'égard de l'hôpital.

XI. — Si l'accident entraîne des conséquences importantes et si des constatations peuvent encore être faites utilement, allez quérir des **représentants de l'autorité** (police, gendarmes, garde-champêtre, maire). Notez leurs noms ou numéros.

Assurez-vous, en outre, le concours d'un huissier pour faire les **constats**.

Faites alors noter les dispositions portant sur tous les points ci-dessus.

XII. — Prévenez immédiatement votre Compagnie d'assurances, en donnant tous les renseignements ci-dessus.

b) EN CAS DE CONTRAVENTION :

I. — Si vous avez tort ou si avez raison, évitez toute incorrection de langage ou de gestes à l'égard des agents de l'autorité.

II. — Si le procès-verbal vous paraît abusif, faites faire par des **témoins** toutes constatations de nature à prouver l'erreur de l'agent.

III. — N'oubliez pas que le procès-verbal d'un agent assermenté peut être combattu par la preuve contraire ou par la démonstration que l'agent n'a pas constaté les faits qu'il vous reproche.

IV. — **Ne signez** au commissariat ou à la gendarmerie que des interrogatoires exactement conformes à vos déclarations; **faites rectifier** dans le texte de votre déposition tout ce qui vous semblerait inexact.

V. — Faites des **déclarations très brèves** et n'oubliez pas que vous serez lié par celles que vous aurez signées.

VI. — Si vous êtes assuré par un contrat « Défense en Justice », prévenez immédiatement votre Compagnie d'assurances, en donnant tous les renseignements ci-dessus.

L'Odéola est le seul piano automatique, sur lequel tout le monde peut exprimer ses sentiments musicaux comme à la main.

SALON de VENTE et d'EXPOSITION | 51, *Boulevard de la Liberté* **LILLE** - Téléph. 31.68

———— *Envoi franco du Catalogue* **I** ————